今日から はじめる
簡単みそ汁習慣

みそ活。

平山由香

京阪神エルマガジン社

目次

夏

秋

冬

この本のレシピについて

※分量のあるレシピは特に表記のない限り、1人分＝大きめのお椀1杯分です。
※計量の単位は、小さじ1＝5㎖、大さじ1＝15㎖です。
※みそやだしの量はあくまで目安です。お使いのみその銘柄や具材によって、
　お好みで調整してください。
※酒は料理酒ではなく、日本酒を使用しています。
※吸口(P29)の分量は特に表記していません。お好みであしらってください。
※野菜は特に表記のない限り、皮をむいて調理しています。
※フライパンはフッ素樹脂加工のものを使用しています。
※作り置きレシピや下ごしらえのコツはMEMOに記しています。
※♥は保存方法や食材の薬膳的な効能について記しています。

この本に出てくるみそについて

みそはもととなる麹の種類、大豆や塩の割合、熟成期間、
発酵熟成中に働く微生物の力、気候風土などによって、
多種多様の風味と味わいが生まれます。
この本では主に以下の5種のみそを使ってみそ汁や料理を作っています。
それぞれの特徴を知り、合わせるもの、好みなどを探ってみてください。

◎関西白甘みそ

関西のお雑煮に欠かせないみそ。
塩分が5〜6%と少なめで、米麹の分量が多く、甘みが深い。
発酵・熟成期間は他のみそに比べて3週間と短め。
みそ独特の香りは控えめなので、活用範囲が広い。
料理の味に深みが足りないときに加えると、まろやかな旨みが生まれる。
みそを加えたら4〜5分トロトロッと煮ると、よりまろやかに。
煮えばなでなくてもいい。

◎米淡みそ

日本でいちばんよく見かける、いわゆる信州みそ的なもの。
熟成は6ヶ月くらいで、淡い褐色。だしも具材もなんでも合わせやすく、
ややシャープでキリッとした味わいが特徴。
野菜をたっぷり加えて甘みが増したみそ汁に
このみそを合わせると、ちょうどいいバランスになる。
グツグツ煮込まず、煮えばなをいただくのがベスト。

◎米赤みそ

基本的には米淡みそと同じ種類で、米淡より熟成期間が長いのがこちら。
熟成期間が長い分、色も旨みも深く、こっくりした味わいを生む。
具材に旨みが足りないときには、このみそを使うといい。

◎麦みそ

麦麹を使った、熟成の短い甘めのみそで、主に九州地方で使われているもの。
煮干しや昆布などのだしに合わせるのがおすすめ。
大きめに切った野菜をゴロゴロ入れたものや豚汁など、ほっこりと素朴なみそ汁に。
いつものみそを麦みそに変えるだけで、甘くてやさしい味わいのみそ汁になる。

◎豆みそ

関西白甘みその対極にあるのが、このみそ。豆麹と塩だけのシンプルな原材料で、
豆みそを名乗るには2年以上ゆっくり熟成させることが必要。
よく合うのは、アサリやアラなどの魚介、かつお節や煮干しの魚系のだし。
昆布のだしだけでは、豆みその風味を強く感じることがあるので注意。
また、グツグツ煮ることでまろ〜んとした丸みのある深い味わいが出るので
煮込み料理などにもおすすめ。

忙しい朝の
みそ汁、5つの提案。

慌ただしい朝の時間……けれども、
コーヒーをいれるのと同じくらいの時間で
簡単にできるみそ汁があるんです。
体を温め、腸を動かし、活力をくれる
みそ汁で1日をスタートさせる私の、
5つの簡単みそ汁習慣をご紹介します。

1
マグカップに
直接みそ、の
みそ汁。

マグカップにみそと具材を入れ、
湯溶きするだけのインスタントみそ汁。
みそをスプーンですくって、直接マグカップにイン。
具材を入れ、お湯を注いで混ぜれば出来上がり。
具材は麩やあられなどのスナック菓子、
フリーズドライの野菜など、お好きなものを。
食感、彩り、香りなどの取り合わせも楽しんで。

マグカップ
みそ汁ベスト7

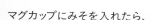

1

巻き麩・かつお節

ストックしやすい乾物の代表的存在の巻き麩と、かつお節でみそに旨みと香りをプラス。

マグカップにみそを入れたら、
あとは好きな具材を入れて湯を注いで混ぜるだけ。
平山的マグカップみそ汁ベスト7は以下の通り。
塩気の多い具材が入るときは、
みそを少し減らしたりして調整するなど、
自分のカップで適量を探していってください。
チーズは三角チーズやクリームチーズから
ちょっと高価なものまで、なんでも合います。

2

**ごぼう(ドライチップス)・
アオサ**

使い切れるか自信がもてない根菜もドライチップスなら手軽でいい。アオサで食物繊維をさらにプラス。

3

桜えび・乾燥わかめ

美髪やむくみ対策に積極的に取り入れたいわかめと、えびの旨みで手軽に作れる海の香りの一杯。

4

とろろ昆布・雑穀
（はと麦・もち麦など）

手軽に食べやすく加工された雑穀
は、カリカリの食感が楽しい。とろ
ろ昆布で旨みととろみを。

5

たたみいわし・大葉

こまめにとりたいカルシウム。おつ
まみの残りでもよし。ハサミで切っ
た大葉の香りでさわやかに！

6

ドライトマト・チーズ

トマトとチーズの、Wの旨みでパ
ワーチャージ。発酵食品同士のみそ
とチーズは相性抜群。

7

スナック菓子（じゃがいも）

カラフルな色合いでカップの中も心
も華やぐ！ 素材を活かしたスナック
菓子は具材として使えて便利。

2 具材は手でちぎったり、
ハサミで切って包丁いらず。

卵や葉ものといった手でちぎれるもの、
キッチンバサミで食べやすい長さに切れる豆苗や貝割れ大根などは、
忙しい朝の「みそ活。」に欠かせない素材です。
豆腐も大きめのスプーンですくってそのまま鍋に入れ、温めればよし。

サラダリーフとゆで卵は手でちぎって。

サラダリーフ適量とゆで卵1個は手でちぎり、適量をお椀に入れる。鍋でだしをさっと煮立て、みそを溶き入れてお椀に注ぐ。

- **みそ**：米赤・麦（異なる個性のものを合わせるといい）
  合わせて小さじ2
- **だし**：昆布　150㎖

豆苗や貝割れ大根は
キッチンバサミで切る。

鍋でだしをさっと煮立て、玉子豆
腐1個を加える。温まったら玉子
豆腐を取り出してお椀に盛りつけ
る。鍋のだしにみそを溶き入れて
お椀に注ぎ、キッチンバサミで豆
苗を適量切って盛り付ける。

- **みそ**：米赤　小さじ2
- **だし**：昆布　150mℓ

豆腐は
スプーンですくって。

鍋でだしをさっと煮立て、豆腐を
パックから直接スプーンで適量す
くい、加える。乾燥わかめも適量
加える。だしが温まってわかめが
やわらかくなったら、みそを溶き入
れてお椀によそう。

- **みそ**：米赤・米淡
　　　合わせて小さじ2
- **だし**：煮干し　150mℓ

3 暑い日は火を使わない みそ汁を!

煮炊きの調理時間をなるべく減らしたい夏は、
火を使わなくてもできる簡単みそ汁がおすすめ。
旨みとコクがあるものを加えれば、
水とみそだけで、驚きのおいしい一杯が実現します。

ツナフレーク・塩もみきゅうり

器に食べやすく切った豆腐、ツナフレーク、塩もみきゅうりを
それぞれ好みの量入れる。小さなボウルにみそと練りごま大
さじ1/2を合わせ入れ、水150mℓを少しずつ加えて溶き混ぜ
る。具材を入れた器に注ぎ、大葉をあしらう。

● **みそ**：米　大さじ1/2
● **だし**：なし
● **吸口**：大葉(せん切り)

ミニトマト・モッツァレラチーズ

器に食べやすい大きさに切ったミニトマ
ト、アボカド、モッツァレラチーズをそれぞ
れ好みの量入れる。小さなボウルにみそ
と牛乳50㎖を入れて溶き混ぜ、水100
㎖を加えてさらに混ぜる。具材を入れた
器に注ぎ、オリーブオイルをたらす。

- ●みそ： 関西白甘　大さじ1
　　　　米淡　　大さじ1/2
- ●だし： なし
- ●吸口： エキストラバージンオリーブオ
　　　　イル

トマトジュース・ナンプラー

小さなボウルにみそとトマトジュース（食
塩不使用）100㎖を入れ、溶き混ぜる。
水50㎖とナンプラー少々を加えてさらに
混ぜる。器に注ぎ入れ、香菜とぶぶあら
れ各適量をあしらう。

- ●みそ： 米淡　　大さじ1
- ●だし： なし
- ●吸口： 香菜（刻む）・ぶぶあられ

4 フライパンで 炒めて時短。

まず "みそ汁は鍋で作るもの" という
思い込みを取り払ってみてください。
フライパンなら、具材を炒め、
そこにだしや水を加えれば、
あっという間に出来上がり。
炒めることでかさが減るので、
野菜をたくさんとれるという利点も!

きのこ・豚肉
（2人分）

フライパンに小房に分けたきのこ
（好みのものを数種類）250 gを入
れ、油をひかず焼きつけるように炒
める。食べやすく切った豚バラ薄
切り肉2枚を加えて炒め、肉が白っ
ぽくなったら酒大さじ1と、きのこ
がかぶるくらいの水を加えて煮る。
煮立ったらみそを溶き入れる。お
椀によそい、青ねぎをあしらう。

●みそ： 米赤　大さじ1〜1強
■だし： なし
●吸口： 青ねぎ（小口切り）

焼きなす

なす1本は縦半分にしてから横半分に切って、皮目がかたいようだったら斜めに切り込みを入れる。フライパンにごま油少々を熱し、両面に焼き目をつける。だしを加え、なすに火が通るまで煮て、みそを溶き入れる。お椀に注ぎ、大葉をあしらう。

- ●**みそ**：豆・米赤
  合わせて小さじ2
- ●**だし**：昆布　150mℓ
- ●**吸口**：大葉（せん切り）

ピーマン・ナッツ
(2人分)

ピーマン（大）4個は食べやすい大きさに切る。フライパンで油をひかずにピーマンを炒め、しっかり焼き目をつける。だしを加え、さっと煮立ててからみそを溶き入れる。お椀にかつお節を適量入れてみそ汁を注ぎ、ナッツをあしらう。

- ●**みそ**：米赤　大さじ1
- ●**だし**：昆布　200mℓ
- ●**吸口**：ナッツ
  （好みのもの・刻む）

15

5 おろし器で おろして時短。

加熱に時間のかかる素材は、
おろし器ですりおろせば、火の通りもあっという間。
じゃがいもはシャキシャキした食感、
長いもはトロトロとシャキシャキ感が楽しい。
包丁では出せない、粗めのザラッとした切り口も
味わい深く、新しい発見!

じゃがいも・ハム・パセリ

じゃがいも1/2個はおろし器でおろす。ハム1枚は食べやすい大きさに切る。小さめのフライパンにオリーブオイル少々を熱し、じゃがいもとハムを炒める。全体に油がまわったら、だしを加えて煮る。じゃがいもに火が通ったらみそを溶き入れ、パセリを加える。

- **みそ**：米淡　小さじ1強〜2
- **だし**：昆布　150ml
- **吸口**：パセリ(みじん切り)

長いも・温泉卵・青のり

鍋でだしをさっと煮立てる。長いも60gをすりおろして加え、ひと煮する。みそを溶き入れ、お椀によそう。温泉卵1個を盛り、青のりをふる。

- **みそ**： 米赤　小さじ1強〜2
- **だし**： 煮干し　150mℓ
- **吸口**： 青のり

ズッキーニ・干しえび

ズッキーニ1/3本は皮ごとおろし器でおろす。干しえび3gは刻む。小さめのフライパンにごま油少々を熱し、ズッキーニと干しえびを炒める。全体に油がまわったら、だしを加えてひと煮し、みそを溶き入れる。

- **みそ**： 豆・米淡または米赤
　　　　　合わせて小さじ1〜2
- **だし**： 昆布　150mℓ

具材は豆腐とわかめ、大根と油揚げ。お椀でいただくもの……。
そんな、みそ汁に対しての概念を、まず、捨ててください。
みそ汁はどんな素材でも驚くほどまるっと包み込み、
素材が持つ旨みを引き出し、共有してくれます。
冷蔵庫に残っている野菜の切れ端や、昨日の残り物の焼き魚も、
切ったトマトや、ゆでた枝豆の残りも。
王道の組み合わせではないので、バランスをとるには少しだけ工夫が必要です。
それは炒めることだったり、切り方を変えることだったり、合わせる吸口だったり。
思い切って言い切りますが、合わないものはほとんどありません。
例えば、チーズやアボカド、いちじくなどもみそ汁の具材になるんです。本当です。
これらのピースがうまくハマった日は、ちょっとした達成感と幸福感。
毎日、冷蔵庫を開けては今日は何が残っているかしら?
何と組み合わせようかな? と考える時間もまた楽しいのです。

みそ汁はなんでも
包み込む。

1 昨日のおかずで
のこり福みそ汁。

焼き魚・しいたけ・長いも
小さめに切り分けた焼き魚でごちそうみそ汁。

鍋にだしと酒大さじ1を入れ、さっと煮立てる。し
いたけ(スライスして冷凍しておいたもの)と小さ
めに切った長いもを各適量ずつ加えて煮る。残り
物の焼き魚を小さく切って加え、ひと煮してみそ
を溶き入れる。お椀によそい、青ねぎをあしらう。

● みそ：米赤・豆　合わせて小さじ2
● だし：昆布　150mℓ
● 吸口：青ねぎ(小口切り)

残った焼き魚は密閉容器に入れて
保存。アジの干物もおすすめ。大き
くほぐし、最後に加えてください。

炊き込みご飯
食べ応えたっぷりのボリュームみそ汁。

炊き込みご飯の残り（冷蔵または冷凍）を電子レンジや蒸し器などで温め、お椀に盛る。鍋でだしをさっと煮立て、みそを溶き入れる。お椀に注ぎ入れ、青ねぎと梅干しをあしらう。

● **みそ**：米赤　小さじ1
● **だし**：昆布　120mℓ
● **吸口**：青ねぎ（小口切り）・梅干し

残った炊き込みご飯は冷蔵または冷凍しておき、温め直しておにぎりにする。焼きおにぎりにしても。

ゆで枝豆・豆腐

みそに豆腐と枝豆を合わせて
トリプルイソフラボン!

鍋にだしを入れ、豆腐を適量加えてさっ
と煮立てる。さやから出した枝豆を適量
加えてひと煮し、みそを溶き入れる。

- ●みそ：米淡　小さじ2
- ●だし：昆布・煮干し　合わせて150㎖

晩酌の枝豆をあえて少しだけ残し
て、翌朝のみそ汁に入れても。

塩トマト・オクラ

トマトとオクラで、
夏の残り物ミックスみそ汁。

鍋にだしと残り物のトマトを汁ごと入れ、
さっと煮立てる。みそを溶き入れ、小口切
りにしたオクラを適量加える。お椀によそ
い、オリーブオイルをたらす。

- ●みそ：米淡・関西白甘
　　　　　合わせて小さじ1
- ●だし：昆布　150㎖
- ●吸口：オリーブオイル

残ったトマトは小さく切って塩をし
て冷蔵庫で保存。出てきた水分に
も旨みがたっぷりです。

おでん

みそ味に仕立て直して、
新たな味わいを楽しむ。

鍋にだしとこんにゃく、ちくわ、厚揚げ各
1切れを小さく切って入れ、さっと煮立て
てみそを溶き入れる。お椀によそい、練り
辛子と黒七味をあしらう。

- ●みそ：麦・米淡または米赤
　　　　合わせて小さじ1〜1強
- ●だし：昆布　150㎖
- ●吸口：練り辛子・黒七味

おでんは汁ごと密閉容器に入れて
冷蔵庫で保存。具材に味が付いて
いるので、みその量は加減して。

炒り卵・じゃがいも

炒り卵のみそ汁は新鮮だけど合う!
こんな発見もうれしい朝。

鍋にだしとサイコロ状に切ったじゃがい
もを適量入れる。じゃがいもがやわらか
くなるまで煮て、みそを溶き入れる。お椀に
よそい、炒り卵、黒こしょう、にんじんの葉
をあしらう。

- ●みそ：米淡　小さじ2
- ●だし：昆布　150㎖
- ●吸口：黒こしょう・残ったにんじんの
　　　　葉やイタリアンパセリなど

揚げ物やお菓子作りで少しだけ
余った卵も無駄にせず、炒り卵にし
て冷蔵庫で保存。

鶏皮・えのきたけ・さつまいも

カリカリの鶏皮に冷凍きのこを
合わせて旨みアップ！

鍋にだしと、食べやすく切った冷凍えのき
たけ、ゆでておいたさつまいもを各適量入
れてさっと煮る。食べやすく切り分けた鶏
皮を加え、みそを溶き入れる。お椀によそ
い、かんずりをあしらう。

- ●みそ：米赤　小さじ2
- ●だし：昆布　150㎖
- ●吸口：かんずり

はがして調理した鶏肉の皮も捨て
ずにカリカリに焼いて、冷ましてから
冷蔵庫で保存。

きんぴらピーマン・厚揚げ

冬はきんぴらも鍋で煮立てて
アツアツに。

鍋にだしと食べやすく切った厚揚げを適
量入れ、さっと煮立ててみそを溶き入れ
る。お椀によそい、きんぴらといりごまをあ
しらう。

- ●みそ：米赤・米淡
　　　　合わせて小さじ2
- ●だし：お好みで　150㎖
- ●吸口：いりごま

ごぼう、れんこん、カラーピーマンな
どの残り野菜は、塩とほんの少しの
しょうゆで味付けしたきんぴらにし
て、冷蔵庫で保存。

2 こんな素材も
みそ汁に合います。

アボカド・豆腐

鍋にだしを入れ、さっと煮立てる。アボカド適量は
熟していればそのままで、かたい場合はだしととも
に少し煮る。絹ごし豆腐をスプーンで適量すくい
入れ、温まったらみそを溶き入れる。お椀に乱切
りにしたアボカドを盛り、みそ汁を注いで紫玉ね
ぎとカラーピーマンをあしらう。

● みそ：関西白甘　大さじ1
● だし：昆布　150mℓ
● 吸口：紫玉ねぎ・カラーピーマン（細かく刻む）

サブジ（じゃがいものスパイス風味）

鍋にだしと**サブジ**を適量入れ、さっと煮立てる。
みそを溶き入れ、お椀によそってカレー粉とクミン
をふる。

- ●**みそ**：麦・豆　合わせて小さじ2
- ●**だし**：お好みで（水でも可）　150㎖
- ●**吸口**：カレー粉・クミン

MEMO
サブジ（じゃがいものスパイス風味）

●材料（作りやすい分量）
じゃがいも …… 2個（約300ｇ）
塩・こしょう …… 各適量
オリーブオイル …… 大さじ1強
クミンシード …… 小さじ1/2
カレー粉 …… 小さじ1/4

●作り方
1 鍋にじゃがいもを皮付きのまま入れ、たっぷり
の水（分量外）を加えて火にかける。煮立った
ら弱火にし、じっくりゆでる。竹串がすっと通る
までやわらかくなったら、熱いうちにふきんな
どで包んで皮をむく。ひと口大に切って塩、こ
しょうを加えてざっと混ぜる。
2 厚手の鍋にオリーブオイルとクミンシードを入
れ、弱火にかける。カレー粉を加えて火を止
め、1のじゃがいもを加えて混ぜる。
▼密閉容器に入れ、冷蔵庫で3〜4日間保存可。

いちじく・リコッタチーズ

器に手でさいたいちじくとリコッタチーズ各適量を盛る。ボウルにみそ、水100㎖、牛乳50㎖を入れて混ぜ合わせ、器に注ぐ。オリーブオイルをたらし、青ゆずこしょうをあしらう。

●みそ： 関西白甘　大さじ1
　　　　 米淡　小さじ1
○だし： なし
●吸口： エキストラバージンオリーブオイル
　　　　 青ゆずこしょう

▼ リコッタチーズの代わりにカッテージチーズでも。

モッツァレラチーズ・ミニトマト

鍋でだしをさっと煮立て、みそを溶き入れる。ミニトマト適量を加え、皮の一部が少しはじけるくらいまで煮る。モッツァレラチーズは食べやすい大きさに切り分け、適量をお椀に入れる。みそ汁を注ぎ、オリーブオイルをたらす。

● **みそ** ： 関西白甘　大さじ1強
● **だし** ： 昆布　150㎖
● **吸口** ： エキストラバージンオリーブオイル

おいしさをデザインする。

お椀の中の組み合わせの味わいを想像しながら、みそ汁を作るのは、
おいしさをデザインする楽しい時間でもあり、料理上手への近道でもあります。
冷蔵庫の中の使いかけの野菜、買ったはいいけれど使いそびれていた素材、
賞味期限が迫ってきたものなどもまるっと包み込み、おいしいひと椀になるのが、みそ汁。
お椀の中を想像する＝デザインすることは、だし、みそ、具材の組み合わせを考えるということ。
毎日、季節や気分に合わせて着る洋服を考えるのと同じこと。
そう考えると楽しくなりませんか?

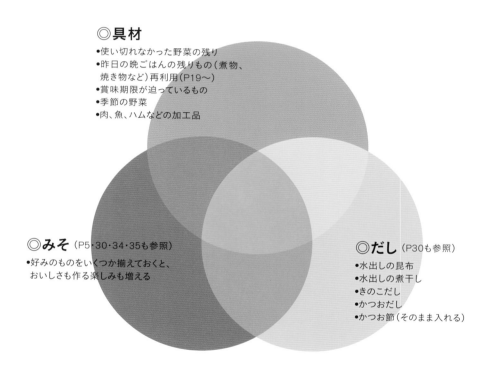

◎具材
- 使い切れなかった野菜の残り
- 昨日の晩ごはんの残りもの(煮物、
  焼き物など)再利用(P19〜)
- 賞味期限が迫っているもの
- 季節の野菜
- 肉、魚、ハムなどの加工品

◎みそ (P5・30・34・35も参照)
- 好みのものをいくつか揃えておくと、
  おいしさも作る楽しみも増える

◎だし (P30も参照)
- 水出しの昆布
- 水出しの煮干し
- きのこだし
- かつおだし
- かつお節(そのまま入れる)

きちんとだしをとらないと、おいしいみそ汁は作れない。そう思い込んでいる方は、まずその思い込みを取り去りましょう。みそ汁を構成する要素は、だし、みそ、具材の3つ。発酵食品の代表でもあるみそには旨みがぎっしり。具材から染み出る旨みも合わさるので、貝類、豚肉、ハム、ベーコンなどをたっぷり具材に使う場合、だしはなくてもいいくらい。水でも十分です。大切なのは、昔ながらの手法でしっかり時間をかけてつくられたみそを使うこと。味の組み立てのバランスを考えながら、みそ汁を作りましょう。バランスが多少崩れても、食べられないみそ汁になることはありません。少々濃くても、薄くても、おいしいのがみそ汁です。

◎ 吸口（すいくち）(P31も参照)

吸口とは、仕上げに少量加えて汁物の味を引き立てるもの。
このひと味のおかげで、見た目が華やぎ、おいしさがぐっと増します。
それぞれの効果や役割は以下の通りですが、自分の好みや感覚で、
自由に組み合わせを楽しんでみてください。

**「もうひと味足りない」
というとき**

かんずり（唐辛子の発酵食品）、オリーブオイル、パルミジャーノ・レッジャーノ（チーズ）といった発酵食品や油で旨みをプラス。

**香りの強い魚肉を使った
みそ汁には**

しょうが、ねぎ、玉ねぎをプラスして香りのバランスをとる。

**玉ねぎやキャベツなど甘みの
ある野菜、脂の強い肉や魚を
使ったみそ汁には**

七味唐辛子、一味唐辛子、糸唐辛子、こしょう、ゆずこしょう、豆板醤などの辛みでしめる。

すっきりと仕上げたいとき

梅干し、柑橘類など酸味を加えてさわやかに。

彩りよく仕上げたいとき

紫玉ねぎ、カラーピーマン、パプリカ、ミニトマト、ぶぶあられなどでカラフルに。

〈吸口の使用例〉

厚揚げ・長いも・
冷凍しいたけ・かんずり

鍋にだしと冷凍しいたけ4切れ（四つ割りにしたもの）を入れ、さっと煮立てる。ひと口大に切った長いも30gと同じくらいの大きさに切った厚揚げ30gを加えて煮る。長いもが煮えたらみそを溶き入れる。お椀によそい、かんずりをあしらう。

- ●みそ： 米赤・麦
　　　　合わせて小さじ2
- ●だし： 昆布　150㎖
- ●吸口： かんずり

●だしのこと。

毎日のみそ汁に一番だし(かつお節や昆布などを煮て
最初にとっただしのこと)は必要ありません。
毎日使うものだから簡単にできておいしいものがいい。
というわけで、私は水出しを使用しています。
だし昆布や煮干しなどを前の晩に水に浸けて
冷蔵庫に入れておくだけ。これでOKです。

昆布だし

市販のお茶用ポットに細切り昆布
10gを入れ、水1ℓを注ぐ。冷蔵庫
で3時間以上おく。

- 自分で昆布を細切りにする場合、
  昆布は15gを目安にする。昆布1枚
  (20g)に切り込みを入れるだけで
  もOK。
- 昆布が水に浸かっている状態で
  冷蔵庫で5日間保存可。
- 2回目は同量の水を加えて使用。
  3回目以降は野菜をゆでたり、炊
  飯時の水として使用すると良い。
- だしをとった後の昆布も捨てず
  に、炒めたり、少し煮てからしょう
  ゆなどで味付けすると常備菜に。

煮干しだし

市販のお茶用ポットにいわしの煮
干し(大)8尾を入れ、水1ℓを注
ぐ。冷蔵庫で丸一日おく。

- 煮干しの代表格はいわしですが、
  アゴと呼ばれるトビウオやアジを
  使う地域も。
- 煮干しが小さめの場合は、1ℓに対
  して12〜15尾を目安にする。
- 煮干しだしは3日間で使い切る。
- 新鮮な煮干しは頭もワタも取らな
  くて良い。
- 酸化を防ぐため、煮干しを購入後
  は冷凍保存すること。
- だしをとった後の煮干しは、ひと椀
  に1〜2尾ほど具材として使用。

きのこだし

きのこは鮮度が命。季節で安く買
えたりしたときは、適当な大きさに
切り分け、ざるに広げて天日に
さっと干したり、冷凍することで旨
みを生かします。

- しいたけ…石づきを落とし、かさと
  軸に分け、かさは細切り、軸は手で
  ほぐす。
- えのきたけ…石づきを落とし、半
  分の長さに切る。
- マッシュルーム…軸ごと薄切りま
  たは四つ割り。
- 単品またはミックスにし、保存袋
  に入れて冷凍する。ミックスにする
  場合は、切り方を同じにすると調
  理するときに使いやすい。

●みそのこと。

いつものみそにもう1〜2種類
違うみそを追加して常備しておくと、
みそ汁の味わいがぐっと変わり、
バリエーションが広がります。
ひとつの容器に3種のみそを
隣り合わせにして保存すると、
1種類でも2種類でも、あるいは全種類でも、
難しく考えずにその日の気分で
さっとすくうだけで、味わいがふくらみます。

▼冷蔵庫で保存。残ったみそは冷凍保存しておくと、
状態が保てて良いです。カチカチに凍ることもないので
心配無用!

●吸口で季節を。

四季がある国・日本の楽しみは、それぞれの季節を慈しみ、味わうことでもあります。
お椀に加える具材はもちろん、最後にあしらう吸口だけでも、お椀の中に季節を呼び込めます。
特別な料理を作らずとも、日常的に季節を味わう最良の方法です。

春（木の芽、みかんの皮）

春にとりたい香り2種。手の平でパン！と叩けば一層香りが立つ木の芽は、添えるだけで上等なみそ汁に。無農薬のみかんが手に入ったら、皮も干して冷凍保存。

夏（すだち、大葉、みょうが）

すだちの香りと酸味、大葉のさわやかな香り、みょうがのかすかな辛みと食感で、いつものみそ汁が夏仕様に。

秋（菊、青ゆず、青みかん、根菜のドライチップス）

香りから四季を感じる柑橘。青ゆずの皮は夏の終わり、青みかんの皮は秋の始まりを。菊の花は風雅な晩秋のひと椀に。秋にとりたい根菜は気軽にドライチップスを。

冬（ゆず）

黄ゆずの馥郁（ふくいく）たる香りは冬のみそ汁の香りと味わいを豊かにするもの。皮をむいて小分けにして冷凍しておけば、さっと使えて便利。

その他（七味唐辛子、ゆずこしょう、和辛子など）

いつでもみそ汁の味わいをキュッとしめてくれる万能選手の七味唐辛子は、香りが飛ばないように冷凍保存を忘れずに。山椒がきいたものなど、バリエーションがあるとより楽しめる。冬と夏にあしらうことの多いゆずこしょうは、みそ汁のみならず、料理のアクセントとしても使える調味料。これも冷凍保存で。関西の白みそ仕立てのみそ汁に欠かせない和辛子は、湯葉や生麸を加えたところに添えたり、油焼きしたなすを加えた赤みそ仕立てのみそ汁にも。できれば粉のものをそのつど練るとよりおいしい。

1 だしを鍋に入れてさっと沸かす。

小鍋に昆布水150mlを入れて火にかけ、さっと煮立てる。

平山的ベーシック
みそ汁の作り方。

では、この本で紹介するみそ汁の
ベーシックな作り方をやってみましょう。
これをベースに、あとは、
だし、みそ、具材を変えるだけです。

2 具材の準備をする。

具材はひと口大、あるいは食べやすい大きさに切る。今回の具材、豆腐100gは小さめの角切りにする。

3 具材に軽く火を通す。

1の鍋に豆腐を加え、さっと温める程度に煮る。

4 みそを溶いて加える。

小さめのボウルに好みのみそ小さじ1〜2を入れ、鍋中のだし少々を加えて溶きのばし、鍋に加える。

▼お玉ですくったみそを菜箸で溶いても、みそのかたまりが残ってしまうので、こうして溶いてから加える。小さな手付きのざるにみそを入れ、鍋中で溶いてもいい。このとき、ざるに残った大豆の粒もみそ汁に戻して加えるのが平山流。

5 吸口をあしらう。

お椀にみそ汁を注ぎ、小口切りにした青ねぎをあしらう。

▼なんでも合わせやすい青ねぎは吸口としても使いやすい素材。市販の冷凍刻みねぎを使用してもいい。

6 完成!

みその種類によって塩分の感じ方が違うので、みそやだしの分量はあくまで目安です。慣れてくれば、いつもの鍋に入れるだしやみその量もお好み（目分量）でOK。

同じ具材でみそを変える。

わかめや豆腐といった定番具材のみそ汁のみそを変えると、
いつもとはまた違った、変化に富んだ味わいが楽しめます。
米みそ、麦みそ、豆みそ……全国にはその土地に根付いた、
さまざまなみその食文化があります。
冷蔵庫に数種類のみそを常備し、季節や体調、気分によって、
みそを合わせる楽しみを味わってみてください。
旨みはもちろん、具材を包み込み、調和させるみその力が
いつもの素材をまた違った味わいにしてくれますよ。

豆腐

鍋にだし150mℓをさっと煮立て、切り分けた
豆腐100gを加える。豆腐が温まったら、みそ
小さじ1〜大さじ1を溶き入れ、お椀によそう。

通年

米みそと麦みそ、あるいは豆みそと米みそと
いったふうに、個性の違うみそを合わせるとい
い。寒い地方のものと暖かい地方のものとい
う合わせ方でも。

● みそ：合わせみそならなんでも良い
● だし：お好みで

冬

寒い季節はまったり甘い関西の白みそを濃いめに仕立てて、弱火で2～3分煮ると、さらにまったりとろりと仕上がる。

みそ：関西白甘
● **だし：**昆布

夏

夏は独特の渋みと深い旨みがある豆みそでシャキッと仕上げる。魚介とも相性のいい豆みそには、かつお節や煮干しのだしをしっかりきかせて。

● **みそ：**豆
だし：昆布・かつお

買ってきたお惣菜で。

ひとり暮らしや少ない家族構成ではなかなか使いきれない
ごぼうやれんこんなどの根菜類の煮物、
どうしても大量に作ることになってしまう餃子や焼売。
これらを食べたくなったら、出来上がっているお惣菜を買えばいいのです。
それでも食べきれなかったり、味が濃すぎたりしたら、
みそ汁の具材として活用しましょう。

煮物は味が付いているので、豆腐、乾燥麩、温泉卵、長いも、じゃがいもなど
薄味で存在感のあるものを加えると相性良し。
餃子や焼売は香味が強いので、合わせるものはそれに負けない香りのある、
にらや豆苗、ねぎをたっぷり加えるのがおすすめです。
それから、みそはいつもよりやや少なめに加える。これもポイントです。

ひじき煮＋温泉卵

鍋にだしをさっと煮立て、みそを
溶き入れる。ひじき煮はカレース
プーン1杯分を、鍋または電子レ
ンジなどで温め、お椀に盛る。み
そ汁を注ぎ、温泉卵を1個のせ
る。

●みそ：米淡　小さじ2弱
●だし：昆布　150㎖

焼き餃子＋長ねぎ

鍋にだしをさっと煮立て、斜め切りにしたねぎ1／2本を加えて好みのやわらかさに煮る。餃子1～2個を加えてさっと煮、みそを溶き入れる。お椀によそい、ごま油をたらして糸唐辛子をあしらう。

- ●みそ：豆・米淡
  　　　　合わせて小さじ2弱
- ▢だし：昆布　150mℓ
- ●吸口：ごま油・糸唐辛子

肉団子＋白菜・にんじん

白菜100gは食べやすく切る。にんじん適量は細切りにする。鍋にだしをさっと煮立て、白菜とにんじんを加えて好みのやわらかさに煮る。肉団子2～3個を加え、温まったらみそを溶き入れる。器に注ぎ、練り辛子を添える。

- ●みそ：豆・麦
  　　　　合わせて小さじ2弱
- ▢だし：昆布　150mℓ
- ●吸口：練り辛子

みそ汁は
季節の食材を楽しむ
いちばんの方法です。

みそ汁の具材、今日は何にしよう？
そう思ったら、まずは季節のものを思い出してみてください。
みそ汁は季節の素材を取り入れるいちばん簡単でおいしい早道。
春の山菜、夏野菜、秋の実り、冬の根菜。
その時季にいちばんおいしいものたちから、
みそとともにエネルギーをもらうと、
体は自然に季節に合わせ、整える力を蓄えていくようになります。
私たちが本来持ち合わせている力を、
みそ汁と季節の食材で呼び覚ましましょう。

春

春キャベツ

春キャベツ外葉（大）1枚は手で食べやすくちぎる。鍋にだしをさっと煮立て、キャベツを加えて軽く煮る。牛乳大さじ1強とみそを溶き入れる。お椀に盛り、つぶした粒こしょうを散らす。

- ●**みそ**：関西白甘　大さじ1
　だし：煮干し　150mℓ
- ●**吸口**：粒こしょう

▼胃の調子を整え、胃の粘膜を修復する作用に優れているといわれるキャベツ。春キャベツの甘みとやわらかさを損なわないように、火入れはさっとを心がけて。春らしいやさしい緑色からも元気をもらいましょう。

たけのこかつお煮・こごみ・生麩

こごみ3本は根元を落として半分の長さに切る。生麩2切れはフライパンで焼き色をつける。鍋にだしをさっと煮立て、こごみの根元を加える。**たけのこかつお煮**30gと生麩を加え、温まったらみそを溶き入れる。お椀によそい、こごみの穂先をあしらう。

- **みそ**：白・米淡　合わせて小さじ2弱
- **だし**：昆布　150㎖

▼春は苦みのあるものを取り入れて、冬の間に溜まった毒を出しましょう。たけのこは冬から春へと体を切り替えるのに欠かせない食材のひとつ。あらかじめ煮て味を含ませておくと便利。

MEMO
たけのこかつお煮

●材料（作りやすい分量）
たけのこ（ゆでたもの）…… 200g
水 …… 300㎖
砂糖 …… 小さじ1
みりん …… 大さじ1
しょうゆ …… 小さじ2
かつお節 …… 2パック

●作り方
1 鍋に水、砂糖、みりんを入れ、火にかける。煮立ったら、食べやすく切ったたけのこを加えて落としぶたをする。
2 5〜6分したら、しょうゆを加え、煮汁が半分になるまで5分ほど煮る。かつお節を加え、煮汁がほぼなくなるまで煮る。
▼保存容器に入れ、冷蔵庫で4〜5日間保存可。

うすいえんどう・新じゃが

新じゃが小2個は食べやすい大きさに切る。鍋にだし
と新じゃがを入れ、ふたをして煮る。じゃがいもが
やわらかくなったら**うすいえんどうの煮浸し**を大
さじ3杯分加え、温まったらみそを溶き入れる。

- **みそ**：麦　小さじ2
- **だし**：昆布　150㎖

▼解毒作用や水分代謝促進効果のあるえんどう豆は、
春先に出がちな吹き出物の改善にもひと役買ってくれる
頼れる食材。買ってきたらすぐに調理すること。

MEMO
うすいえんどうの煮浸し

- ●材料（作りやすい分量）
うすいえんどう
（さや付き）……300ｇ
だし（昆布）……200㎖
酒……大さじ1
塩……小さじ1/4

- ●作り方
1　うすいえんどうはさやから出してさっと洗う。
2　鍋にだし、酒を煮立てる。**1**と塩を加え、5〜8
　分を目安に、やわらかくなるまで煮る。煮汁ご
　と氷水に浸けて冷ます。

▼保存容器に入れ、冷蔵庫で3日間保存可。

せり・ちくわ

ちくわ1本は半分の長さに切ってから四つ割りに
する。せり（小）1把は食べやすい長さに切る。鍋に
だしをさっと煮立て、せりの茎を加えて軽く煮る。
ちくわを加え、温まったら、みそを溶き入れる。お
椀にかつお節を入れ、みそ汁をよそってせりの葉
を添える。

- **みそ**：豆・米淡　各小さじ1
- **だし**：昆布　150㎖
　　　　かつお節　ひとつまみ
- **吸口**：せりの葉

▼1年の邪気を祓う七草粥に欠かせない、せり。香りと
苦みにイライラを緩和させる効果がある。葉先は最後
に加えて。

菜の花・厚揚げ

菜の花3茎は食べやすい長さに切る。鍋にだしをさっと煮立て、菜の花の茎を加えて軽く煮る。ひと口大に切った厚揚げ3個を加えて温まったらみそを溶き入れる。

- ●**みそ**：米赤　小さじ2
- ●**だし**：煮干し・昆布
　　　　　合わせて150㎖

▼春先のストレス、イライラなどのトラブルを緩和し、血のめぐりを良くする菜の花。解毒作用もあるので率先して春にとりたい野菜のひとつ。買ってきたらまずは水に放って葉をピンとさせてあげましょう。

うど・ホタルイカ

うど4cmは皮を厚めにむいて棒状に切る。鍋にだしをさっと煮立て、うどと乾燥麩を加えて、ごくさっと煮る。みそを溶き入れ、ホタルイカを3杯加える。温まったら、お椀によそい、木の芽をあしらう。

- ●**みそ**：豆　小さじ2
- ●**だし**：昆布　150㎖
- ●**吸口**：木の芽

▼3つの邪気といわれる、強い風、湿気、寒さを取り除くとされる"うど"。シャキシャキした食感や苦みを含んだ味わいと香りを楽しむため、火入れはごく軽くで。

新玉ねぎ・肉みそ

新玉ねぎ小1個は8等分のくし形切りにする。鍋にだしと新玉ねぎを入れ、ふたをして煮る。2〜3分煮たらみそを溶き入れる。お椀によそい、**肉みそ大さじ2**をのせる。

- **みそ**： 米淡　小さじ2
- **だし**： 昆布　150㎖

▼体を温め、めぐりを良くする新玉ねぎ。便通の助けにも。大きめに切って、短い火入れで、甘みとみずみずしさをかみしめて。

MEMO
肉みそ

●材料（作りやすい分量）
豚肉（粗挽き）…… 160g
しょうが（すりおろし）…… 20g
酒 …… 大さじ1
みりん …… 大さじ2
ごま油 …… 小さじ1/2
砂糖 …… 小さじ1
みそ（豆）…… 大さじ1

●作り方
1 鍋にごま油としょうがを入れ、炒める。香りが出てきたら、豚肉を加えて炒める。豚肉に火が通ったら、酒とみりんを加えて炒めながらアルコール分を飛ばす。
2 1に水をひたひたになる（約150㎖）まで加える。アクが出たら取り除く。ひと煮したら、砂糖とみそを加えて水分がなくなるまで煮詰める。

▼保存容器に入れ、冷蔵庫で5日間保存可。

春の簡単シンプル

春が来たのがうれしくて、ついあてもなく買ってしまう
春野菜も、みそ汁なら間違いなくおいしくいただけます。

かき玉・三つ葉

三つ葉1／2束は茎は刻み、葉は
つむ。鍋にだしをさっと煮立て、み
そを溶き入れる。溶き卵1／2個
を流し入れ、ひと煮する。お椀によ
そい、三つ葉を添えて一味唐辛子
をふる。

- ●**みそ**：米淡　小さじ2
- ○**だし**：昆布　150㎖
- ●**吸口**：一味唐辛子

スナップえんどう・小かぶ

スナップえんどう3〜4個は筋を
取って、さやを半分に開く。小かぶ
1個は皮ごと四つ割りにする。鍋
にだしをさっと煮立て、かぶを加
える。2分ほど煮て（好みのかたさ
でOK）から、スナップえんどうを加
えてみそを溶き入れる。

- ●**みそ**：豆・関西白甘
　　　　　各小さじ1
- ○**だし**：煮干し　150㎖

春のいつもにプラス

春に起こりやすい不調を改善する香りや苦みを
いつものみそ汁に吸口でプラスして、
体のめぐりを良くしましょう。

豆腐・わかめ

わかめ10gは塩を洗い流して食べやすく切る。鍋
にだしをさっと煮立て、ひと口大に切った木綿豆
腐5〜6個とわかめを加え、軽く煮てみそを溶き入
れる。それぞれの吸口をあしらう。

- ●みそ：お好みで　小さじ2
- ●だし：お好みで　150㎖

＋木の芽
さわやかな香りが気のめぐりを良
くし、いつものみそ汁の風味を引き
立てる。

＋みかんの皮
気をめぐらせる柑橘の香りがストレ
ス、イライラの緩和を促す。無農薬
のみかんの皮を干して冷凍保存。

＋菜の花
春先の不調を整える作用があると
いわれる。ニキビや炎症などの肌
トラブルを抑える効果も。

＋セロリ
香りに目の充血を和らげ、心を落ち
着かせる効果がある。薄切りにした
り、刻んだものをあしらって。

45

夏

冬瓜・鶏むね肉・しょうが

鍋にだし、**冬瓜と鶏むね肉の簡単炊き合わせ**の煮汁50mℓを合わせ入れ、さっと煮立てて冬瓜と鶏肉を各適量ずつ加える。温まったらみそを溶き入れる。お椀によそい、一味唐辛子をふる。

- ●**みそ**：麦・豆　合わせて小さじ1強
- ●**だし**：昆布　100mℓ
- ●**吸口**：一味唐辛子

MEMO
冬瓜と鶏むね肉の簡単炊き合わせ

●材料（作りやすい分量）
冬瓜 …… 400g
鶏むね肉 …… 1枚（約250g）
A ┌ だし（昆布）…… 200mℓ
　　├ 酒・みりん …… 各大さじ1
　　└ 塩 …… 小さじ1/2
しょうが（せん切り）…… 3g
しょうゆ …… 少々

●作り方
1 鶏むね肉はそぎ切りにする。冬瓜はひと口大に切り、すっと串が通るくらいまでゆでてざるに上げる。
2 鍋に**A**としょうがを入れ、火にかける。煮立ったら1の鶏肉を加える。鶏肉に火が通ったら、取り出す。
3 2に1の冬瓜を入れ、ひたひたになるぐらいまでだし（分量外）を足す。塩少々（分量外）を加えてキッチンペーパーなどで落としぶたをし、10分ほど煮る。
4 鶏肉を戻し入れてひと煮し、しょうゆを加える。粗熱がとれるまで鍋中で冷まし、味を含ませる。
▼密閉容器に入れ、冷蔵庫で2日間保存可。

おろし冬瓜・ささみ・しょうが

鍋にだしと酒小さじ2を入れ、火にかける。煮立ったらおろししょうが小さじ1/2と鶏ささみ1本をそぎ切りにして加え、さっと煮る。冬瓜150gはごく薄く皮をむき、種とワタごとすりおろして鍋に加える。ひと煮し、青くささがなくなったらみそを溶き入れる。

- **みそ**：関西白甘　大さじ1強
- **だし**：昆布　100㎖

♥冬瓜を余すことなく使いたいときに。体を冷やす作用が強いので、温め効果のあるしょうがをプラス。

とうもろこし・厚揚げ

鍋にだしととうもろこしのヒゲ適量を入れ、さっと煮立てる。ひと口大に切った厚揚げ、とうもろこしを各適量ずつ加える。火が通ったらみそを溶き入れる。お椀によそい、すだちをあしらう。

- **みそ**：米赤　小さじ1強
- **だし**：煮干し　150㎖
- **吸口**：すだち

♥とうもろこしのヒゲはむくみが気になるときに。利尿作用があるので体内の余分な水分を取り除き、むくみを和らげる。とうもろこしは粒をはずして冷凍しておくと便利。

ゴーヤーのおかき揚げ

鍋にだしと酒小さじ2をさっと煮立てる。食べやすく切り分けたミニパプリカ1個を加えてひと煮し、みそを溶き入れる。**ゴーヤーのおかき揚げ**適量をお椀に盛り、みそ汁を注ぐ（鍋でおかき揚げを温めてから盛ってもよい）。一味唐辛子をふる。

- ●みそ：豆・麦　合わせて小さじ1強
- ●だし：煮干し　150㎖
- ●吸口：一味唐辛子

MEMO
ゴーヤーのおかき揚げ

●材料（作りやすい分量）
ゴーヤー（小）…… 1本
柿の種 …… 70g
衣 ┌ 小麦粉 …… 大さじ4
　├ 水 …… 100㎖
　└ 塩 …… ひとつまみ
揚げ油 …… 適量

●作り方
1 柿の種は食品用ポリ袋などに入れ、上からめん棒などでたたき、細かく砕く。
2 衣の材料は合わせておく。
3 ゴーヤーは縦半分に切り、種ごと1cm厚さの半月切りにする。
4 3を2にくぐらせ、1の柿の種をまぶしつける。
5 揚げ油を170℃に熱し、2〜3分ほど全体がほんのりきつね色になるまで揚げる。
▼密閉容器に入れ、冷蔵庫で2日間保存可。

ゴーヤー・豚肉・とうもろこし

鍋にだしと酒小さじ1をさっと煮立てる。食べやすく切った豚肉の切り落とし30g、とうもろこしの粒大さじ3を加え、火が通るまで煮る。みそを溶き入れ、お椀に盛る。ゴーヤー3cmは種とワタごと薄い半月切りにし、糸唐辛子とともにあしらう。

- ●みそ：豆・米淡　合わせて小さじ1強
- ●だし：昆布　150㎖
- ●吸口：糸唐辛子

MEMO
ゴーヤーの苦みが苦手な人は水にさらしたり、塩もみしてから使うとよい。
▼豚肉は食べやすい大きさに切り、小分けにして冷凍しておくと便利。

モロヘイヤ

鍋にだしをさっと煮立て、みそを溶き入れる。火を止め、**モロヘイヤのピュレ**大さじ2を加えて混ぜる。お椀によそい、ぶぶあられをあしらう。

- ●**みそ**：関西白甘　大さじ1
- ●**だし**：昆布　150㎖
- ●**吸口**：ぶぶあられ

▼青菜が少なくなる夏の盛り、頼りになるのがモロヘイヤ。その昔、万病に効くと言われたこの青菜をピュレにして冷凍しておくと便利。

MEMO
モロヘイヤのピュレ

●材料（作りやすい分量）
モロヘイヤ（葉）
…… 1束（約40ｇ）
だし（昆布）…… 大さじ2

●作り方
1 鍋に湯を沸かし、塩少々（分量外）を加えてモロヘイヤをさっとゆでる。氷水にとり、すぐにざるに上げて水気をきる。
2 ミキサーに**1**とだしを入れ、ピュレ状になるまで攪拌する。
▼ジッパー付き食品用保存袋に入れて平らにし、冷凍庫で1ヶ月保存可。

夏の簡単シンプル

旬真っ盛りのなすは皮ごと煮て、煮汁も
余すことなく使えるみそ汁でたっぷりと。

なす・練り辛子

なす1個は横3等分にしてから縦半分に切ってフライパンで素焼きにする。焼き目がついたらごま油を少し加えて焼き、仕上げる。だしを注ぎ、ひと煮してみそを溶き入れる。お椀によそい、練り辛子をあしらう。

- ●**みそ**：麦・米赤　合わせて小さじ1強
- ○**だし**：煮干し　125mℓ
- ●**吸口**：練り辛子

▼体の熱を冷まし、熱を持った炎症に有効な"なす"。温め効果のある辛子を合わせ、冷えすぎないようにバランスをとる。

万願寺唐辛子・かつお節

万願寺唐辛子（大）2本は大きめの
ぶつ切りにし、フライパンで素焼き
にしてしっかり焼き目をつける。だ
しを注ぎ、万願寺唐辛子が好みの
やわらかさに煮えたら、みそを溶き
入れる。お椀によそい、かつお節を
たっぷりあしらう。

●みそ：豆・米赤
　　　　合わせて小さじ1
●だし：昆布　125㎖
●吸口：かつお節

しじみ・青ねぎ

しじみは砂出しして流水で洗い、
殻の汚れを取る。鍋にだしと酒小
さじ2、しじみを入れ、中弱火にか
ける。アクを取りながら、殻がしっ
かり開くまで煮て、みそを溶き入れ
る。お椀によそい、青ねぎをあしら
う。

●みそ：豆　小さじ1
●だし：昆布　125㎖
●吸口：青ねぎ（小口切り）

夏のいつもにプラス

暑い夏は、胃腸を整え、体にこもった熱を除き、
余分な水分を排出する食材を
いつものみそ汁にプラスしたい。

玉ねぎ・厚揚げ

鍋にだしと大きめのくし形切りにした玉ねぎ、太め
の短冊切りにした厚揚げを各適量入れ、火が通
るまで煮る。みそを溶き入れ、お椀によそう。

● **みそ**：お好みで　小さじ1強
● **だし**：お好みで　150mℓ

＋オクラ（乱切り）
みそを溶き入れた後に加える。夏
バテ予防に食べておきたいオクラ
のネバネバ成分には、腸を整えた
り、胃の粘膜を守る働きが。体を冷
やす作用もあるので、温め効果の
ある玉ねぎと合わせるとよい。

＋とうもろこし
オクラと並び、夏バテ予防に食べ
たいもうひとつの食材。利尿作用
があるので、むくみの改善にも。生
のまま粒をはずして冷凍しておい
たものを使用。玉ねぎや厚揚げと
同じタイミングで加える。

＋みょうが（せん切り）
発汗を促し、血のめぐりをよくする
みょうがを吸口に。エアコンで冷え
たときには、この組み合わせを。

厚揚げ・わかめ

鍋にだしと酒小さじ1を入れ、さっと煮立てる。厚揚げをサイコロ形に切って加え、ひと煮する。みそを溶き入れ、ざく切りにしたわかめを加える。お椀によそい、それぞれの吸口をあしらう。

● みそ： お好みで　小さじ1強
◦ だし： お好みで　150㎖

＋一味唐辛子
体に熱がこもったように感じるときに、ひとふり。発汗を促し、熱を発散させる。

＋大葉（せん切り）
じめじめした暑さでなんとなく胃が重いときは、調子を整えてくれる大葉をたっぷりと。

＋枝豆（ゆでる）
胃腸の働きを整えて、夏の疲れを癒やしてくれる。水分をとりすぎて胃腸が弱っているときにプラス。

秋

かぶ・かぶの茎のじゃこ炒め

かぶは4等分し、小さめのフライパンで素焼きする。焼き目がついたら、だしと**かぶの茎のじゃこ炒め**を適量加え、ひと煮したらみそを溶け入れる。残りの**かぶの茎のじゃこ炒め**をのせる。

●**みそ**：麦・米淡または米赤
　　　　　合わせて小さじ1強
■**だし**：昆布　150㎖

▼かぶには消化を助けたり、咳や痰を止める、体を温めるなどの働きがあり、昔からの民間療法では咳が出たりお腹が痛いときなどに、かぶのおろし汁を飲む。乾燥する秋に積極的にとりたい野菜。葉は傷みやすいのですぐに炒めておくとよい。

MEMO
かぶの茎のじゃこ炒め

かぶの茎2個分は買ってきたらすぐ切り落とし、1cm幅に切ってごま油少々とじゃこ二つかみとともに炒める。ある程度炒まったら葉も加え、酒と塩各少々を加えて炒め合わせる。

▼密閉容器に入れ、冷蔵庫で3日間保存可。

れんこん団子・間引きにんじん

鍋にだしをさっと煮立て、間引きにんじん（太い場合
は半分または四つ割りにする）とれんこん団子を各
適量加える。にんじんに火が通ったら、みそを溶き
入れる。お椀によそい、にんじんの葉の炒めものを
あしらう。

- ●みそ：麦・米淡・豆　合わせて小さじ1強
- ○だし：昆布　150㎖
- ●吸口：にんじんの葉の炒めもの

▼れんこんの粘り成分には喉の乾燥を防ぎ、胃壁を
守って消化を促すパワーも。
▼にんじんは内臓を温め、血行促進を補う名野菜。冷え
性、貧血、元気のないときにも。秋の間引きにんじんは皮
をむかず、葉も使い、一本丸ごとの効用を味わい尽くす。

MEMO
にんじんの葉の炒めもの

にんじんの葉は刻んで、ご
ま油で炒める。塩少々を
加えてさらに炒め、すりご
まを加えて仕上げる。
▼密閉容器に入れ、冷蔵庫で2日間保存可。

MEMO
れんこん団子

●材料（作りやすい分量）
れんこん …… 400g

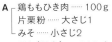
A ┌ 鶏ももひき肉 …… 100g
　│ 片栗粉 …… 大さじ1
　└ みそ …… 小さじ2

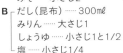
B ┌ だし（昆布）…… 300㎖
　│ みりん …… 大さじ1
　│ しょうゆ …… 小さじ1と1/2
　└ 塩 …… 小さじ1/4

●作り方
1 れんこんは皮の汚れた部分を削り、端を落として
　皮ごとすりおろす。
2 ボウルにAを合わせ入れ、1を加えてよく混ぜる
　（れんこんの水分によって片栗粉の量は調節
　する）。
3 Bを鍋に入れて煮立て、2を団子状に丸めて加
　え、火が通るまで煮る。
▼密閉容器に入れ、冷蔵庫で3日間保存可。

かぼちゃ・里いも・さつまいも

鍋にだしと酒小さじ1をさっと煮立てて、それぞれひと口大に切った**かぼちゃの含め煮**、**里いもの含め煮**、ゆでたさつまいもを各適量ずつ加える。温まったら、みそを溶き入れる。お椀によそい、青ゆずこしょうをあしらう。

- **みそ** ： 麦・米赤　合わせて小さじ1
- **だし** ： 煮干し　150ml
- **吸口** ： 青ゆずこしょう

MEMO

さつまいもは買ってきたら丸ごとゆでてラップをして冷蔵庫で保存しておくと便利（2日間保存可）。里いもは買ってきたらすぐに洗い、ざるにのせて乾かしておくと、皮がむきやすい。

MEMO
かぼちゃの含め煮

● 材料（作りやすい分量）
かぼちゃ …… 1/6個（約400g）
だし（昆布）…… 適量
A ┌ みりん …… 大さじ1
　├ しょうゆ …… 小さじ1と1/2
　└ 塩 …… 小さじ1/4

● 作り方
1 かぼちゃは種とワタを除き、ひと口大に切り分け、ところどころ皮をむく。
2 鍋に1を入れ、だしをひたひたに加えて火にかける。煮立ったらAを合わせて入れ、キッチンペーパーで落としぶたをして、かぼちゃがやわらかくなるまで煮る。そのまま鍋中で冷まし、味を含ませる。
♥ 密閉容器に入れ、冷蔵庫で3〜4日保存可。

MEMO
里いもの含め煮

● 材料（作りやすい分量）
里いも …… 6〜8個（約400g）
A ┌ だし（昆布）…… 300ml
　├ 酒 …… 大さじ1
　├ みりん …… 大さじ1
　└ 塩 …… 小さじ1/2
しょうゆ …… 少々

● 作り方
1 里いもは洗って皮の周囲にぐるりと浅い切り込みを入れる。
2 鍋に1とかぶるくらいの水（分量外）を入れ、串がすっと通るくらいまでゆでる。ざるに上げ、粗熱がとれたら皮をむく。大きいものは半分に切る。
3 2の鍋をきれいにし、2の里いもとAを入れて火にかける。煮立ったら弱火にし、上からキッチンペーパーで落としぶたをし、10分ほど煮る。
4 しょうゆを加え、そのまま鍋中で冷ます。
♥ 密閉容器に入れ、冷蔵庫で2〜3日間保存可。

かぼちゃポタージュ

鍋に**かぼちゃの含め煮**（P56）2個を入れ、フォーク
などでつぶし、だしを加えてひと煮する。みそを溶き
入れ、豆乳を大さじ3ほど加える。お椀によそい、青
ねぎとれんこんチップスをあしらう。

● **みそ**：関西白甘または米淡　小さじ1
● **だし**：昆布　100mℓ
● **吸口**：青ねぎ（小口切り）・れんこんチップス

♥かぼちゃの甘みがのってくるのは秋。胃腸の働きを
助けるほか、体を温め、免疫力も高めてくれるので、夏
に弱った体を回復させてくれる。冬の寒さに備えるた
めにも、秋に積極的にとりたい。

きのこ・秋鮭

鍋にだしと酒小さじ2をさっと煮立て、しめじ、えのきたけ、マッシュルーム（冷凍保存しておいたもの）をひとつかみ分加える。再び煮立ったら、秋鮭1/2切れを食べやすい大きさに切って加える。鮭に火が通ったらみそを溶き入れる。お椀によそい、青ねぎと黒こしょうをあしらう。

- **みそ**：豆・関西白甘　合わせて小さじ1強
- **だし**：昆布　150㎖
- **吸口**：青ねぎ（小口切り）・黒こしょう

MEMO

きのこは鮮度が命。買ったらすぐに小房に分けて冷凍しておくと使いやすく、便利。

♥きのこは夏の疲れをとり、胃腸を整える。食物繊維たっぷりなのでお通じが気になるときにも。

大根おろし・厚揚げ・卵白

鍋にだしをさっと煮立て、大ぶりに切った厚揚げ
を適量加える。再び煮立ったら、大根おろし70g
と卵白1個分を混ぜ合わせたものをまわし入れ
る。全体を混ぜてからみそを溶き入れる。お椀に
よそい、菊の花を散らす。

● **みそ**： 米淡または米赤・豆
　　　　　合わせて小さじ1強
● **だし**： 昆布　150㎖
● **吸口**： 食用菊の花

♥食べ過ぎてスッキリしないときや喉の痛みがあるとき
は大根おろしを。食用菊には目の働きを助ける効果が。

鯛・黄ゆず
（2人前）

鍋に湯を沸かし、鯛（小さめ）のアラを入れる。色が変わったら氷水にとって血合いや残った鱗などを除く。別の鍋にだし、酒大さじ1、水気をきったアラを入れて火にかける。煮立ったら弱火にしてアクを取りながらアラに火が通るまで煮て、みそを溶き入れる。お椀によそい、黄ゆずをあしらう。

● **みそ**：豆　小さじ2
● **だし**：昆布　300㎖
● **吸口**：黄ゆず（あられ切り）

▼瀬戸内の秋の鯛は抜群においしい。アラまで余すことなく食べて命のエネルギーをいただいて。
▼黄ゆずは消化を助け、気をめぐらせる。美肌効果も。

ゆり根・湯葉

鍋にだしを入れ、さっと煮立て、1枚ずつはがした
ゆり根を適量加える。火が通ったら生湯葉を適
量加えてみそを溶き入れる。お椀にかつお節を適
量入れ、みそ汁を注ぎ、もみじ麩をあしらう。

●**みそ**：関西白甘・米淡　合わせて小さじ1強
●**だし**：昆布　150mℓ
●**吸口**：もみじ麩（生）

♥ゆり根は肺や気管、肌を潤してくれるので、乾燥が
気になる秋に取り入れたい。心を落ち着かせる作用
も。買ってきたときのおが屑に入れておけば、約1ヶ月
間保存可。

秋の簡単シンプル

まいたけや長いもはさっと煮るだけなので、
具だくさんみそ汁が手軽に作れます。

長いも・まいたけ・ゆで卵の黄身

鍋にだしと酒小さじ1をさっと煮立て、大ぶりに分けた（軸は薄切り）まいたけ1/2パックと、叩くように刻んだ長いも60gを加える。火が通ったらみそを溶き入れる。お椀によそい、ゆで卵の黄身と七味唐辛子をあしらう。

- **みそ**：米赤・麦　合わせて小さじ1強
- **だし**：煮干し　150㎖
- **吸口**：ゆで卵の黄身・七味唐辛子

▼長いもは胃腸を整え、肌を潤す。まいたけは免疫力をアップさせる。

秋のいつもにプラス

空気の乾燥によるダメージを防いで潤す食材や、
パワーチャージできる食材を吸口で積極的に。

＋松の実・青ねぎ（小口切り）

松の実には体の中の乾燥を潤す
作用が。空咳、肌の乾燥、髪のトラ
ブル、お通じが気になるときに。

＋白すりごま

肺を潤し、肌をなめらかにする白
すりごまをたっぷりふる。乾燥、お
通じが気になるときに。

豆腐・油揚げ

鍋にだしを煮立たせ、食べやすい
大きさに切った豆腐と油抜きして
食べやすく切った油揚げ各適量
を加え、豆腐が温まったらみそを
溶き入れる。お椀によそい、それぞ
れの吸口をあしらう。

● みそ： お好みで　小さじ1強
● だし： お好みで　150㎖

＋甘栗（手で粗く砕く）

栗は気力、体力を充実させる。胃
腸を丈夫にする効果も。

＋ぎんなん・青ねぎ（小口切り）

ぎんなんは加熱して殻と薄皮をむ
き、食べやすく切る。肺の働きを良
くするといわれ、咳や痰が気になる
ときに。食べ過ぎには注意。

冬

長ねぎ一本

長ねぎ1本は1.5cm長さに切る。しょうが5gは細めのせん切りにする。鍋にだし、長ねぎ、しょうがを入れ、火にかける。煮立ったらふたをして5分ほど煮る。みそとカレー粉少々（小さじ1/8程度）を混ぜ合わせたものを溶き入れ、お椀によそう。しょうがと黄ゆずをあしらう。

- ●みそ：豆・米淡　各小さじ1
- ●だし：昆布　150㎖
- ●吸口：しょうが・黄ゆず（せん切り）

▼体を温めるねぎ。風邪のひき始めなど寒気を感じたときにたっぷりとってほしい。

黒きくらげ・豚バラ・長ねぎ

黒きくらげ3gは水でもどし、ひと口大に切る。長ね
ぎの白い部分1/2本を3〜4cm長さに切り、ごま油
少々をひいたフライパンで焼く。焼き目がついたら、
だしを加えてさっと煮立てる。食べやすい大きさに
切った豚肉20g、黒きくらげ、太めのせん切りにし
たしょうが少々を加えて煮る。火が通ったら、みそを
溶き入れる。長ねぎの青い部分を白髪ねぎのように
切ってあしらう。

●**みそ**：麦・米赤　合わせて小さじ1強
◎**だし**：昆布　150㎖
●**吸口**：長ねぎの青い部分

▼古くから珍重されてきた黒きくらげ。血を補う、血の
めぐりを良くする、血をきれいにするなど、血にまつわる
働きが多くあるといわれている。

白菜の芯・鶏手羽・そば米・にんにく
（2人前）

小鍋に手羽中の開き（半分に切ったもの）6本、そ
ば米と酒各大さじ1、だし、しょうがとにんにくの
薄切り各2枚、赤唐辛子の輪切り1/2本分を入
れ、火にかける。鶏肉に火が通ったら、縦に短冊
切りにした白菜の芯（約2枚分）を加え、好みのや
わらかさに煮て、みそを溶き入れる。

● **みそ**： 米淡または米赤　小さじ2強
● **だし**： 昆布　300mℓ

▼胃腸の働きを良くする白菜・そば米に、温め効果の
あるにんにくと唐辛子をプラス。鶏手羽は乾燥を防ぎ、
美肌にも効果的。

イカゲソ・ひろうす

鍋にだしと酒小さじ2をさっと煮立て、**ひろうすの
含め煮**2個を加える。温まったら、イカゲソ（食べ
やすく切る）適量を加えてさっと煮て、みそを溶き
入れる。お椀によそい、青ねぎをあしらう。

- **みそ**：豆・米淡　合わせて小さじ1
- **だし**：昆布　150㎖
- **吸口**：青ねぎ（斜め切り）

▼体を潤し、血を補うといわれるイカ。さっと煮るだけで
だしもよく出る。

MEMO
ひろうすの含め煮
●材料（作りやすい分量）
ひろうす（がんもどき）……小8個（約200ｇ）
A┌ だし（昆布）……200㎖
　├ 酒・みりん……各小さじ1
　└ 塩……小さじ1/4
長ねぎ（青い部分や残った切れ端）……少々
しょうゆ……少々

●作り方
1 ひろうすはさっと湯通しして、ざるに上げる。
2 鍋にAと長ねぎを入れてさっと煮立てる。1を
　加えてキッチンペーパーで落としぶたをして10
　分ほど煮る。
3 火を止め、しょうゆを加えて鍋中で冷まし、味
　を含ませる。
▼密閉容器に入れ、冷蔵庫で2〜3日間保存可。

そばがき

鍋にだしをさっと煮立て、みそを溶き入れる。別の鍋にそば粉10gとぬるま湯70〜80mℓを入れ、火にかけながらヘラでしっかり練り上げる。お椀にそばがきを入れ、みそ汁をよそう。水にさらした長ねぎと七味唐辛子をあしらう。

● **みそ**：米赤　小さじ1強
● **だし**：昆布　150mℓ
● **吸口**：長ねぎ（小口切り）・七味唐辛子

▼新そば粉を見つけるとつい買ってしまうけれど、そばは打てないので、そばがきにしてみそ汁とともに味わう。食べ過ぎておなかが重いときにもおすすめ。温め効果のあるねぎと七味唐辛子をひとふりして。

ごぼう

ごぼう160gを斜め薄切りにし、鍋にごま油をひいてさっと炒める。だしと薄切り3枚分をせん切りにしたしょうがを加え、ごぼうがやわらかくなるまで煮る。みそを溶き入れてお椀によそい、山椒をあしらう。

- **みそ**： 豆　小さじ2
- **だし**： 煮干し　400ml
- **吸口**： 山椒

▼食物繊維たっぷりのごぼうはお通じに効果あり。しょうがと山椒で温め効果をプラスして。

ブロッコリー・ベーコン

鍋にだしをさっと煮立て、ブロッコリーの茎1株分（皮をむいて乱切り）、ブロッコリーよりひとまわり小さい乱切りにした長いも65g、にんじん20g、拍子切りにしたベーコン15gを加えて煮る。野菜に火が通ったら、みそを溶き入れる。お椀によそい、黒こしょうをふる。

- **みそ**： 米淡　小さじ1
- **だし**： 昆布　150ml
- **吸口**： 黒こしょう

▼健康効果が次々発見されているブロッコリーは、ゆで汁を捨てる必要のないみそ汁にどんどん使いたい。

たらフレーク・キムチ

鍋でだしをさっと煮立て、大ぶりに切った玉ねぎ50gを加えて煮る。キムチ、キムチの汁、**たらフレーク**各適量を加えて、みそを溶き入れる。

- **みそ**： 米淡または米赤・豆
  合わせて小さじ1
- **だし**： 昆布　200㎖

▼北国の海でとれるたらは、胃を温めて消化を促してくれる。たらフレークはそのまま食べてもいいし、みそ汁に使ったり、卵と合わせたりと手軽に使えて便利。

MEMO
たらフレーク

●材料（作りやすい分量）
生だら切り身 …… 2切れ（約200ｇ）
にんにく …… 薄切り3枚
ローリエ …… 1枚
赤唐辛子 …… 輪切り1/2本
だし（昆布）…… 適量
塩 …… 少々

●作り方
1 たらは全体に塩をふり、30分ほどおく。出てきた水気をふき取り、鍋に並べ入れる。
2 1の鍋にだしをひたひたに入れ、にんにく、ローリエ、赤唐辛子を加えて火にかける。水分がほぼなくなるまで煮て、にんにくと赤唐辛子を取り除く。たらを大きくほぐし、塩で味をととのえる。

▼密閉容器に入れ、冷蔵庫で3日間保存可。

冬の簡単シンプル

具だくさんの熱々みそ汁で寒さに負けない体づくりを。

油揚げ・大根

鍋にだしをさっと煮立て、細切りにした大根80gと油抜きして食べやすい大きさに切った油揚げ1/4枚分を加えて煮る。大根に火が通ったら、みそを溶き入れる。お椀によそい、青ねぎをあしらう。

- ●みそ ： 麦・米淡または米赤
  合わせて小さじ1強
- ●だし ： 煮干し 75mℓ
  昆布 75mℓ
- ●吸口 ： 青ねぎ（小口切り）

▼食べる胃腸薬といわれる大根は、冬がいちばんおいしい。とんでもない偏食だった私がはじめて大根をおいしいと思ったきっかけが、お揚げと大根のみそ汁でした。

牡蠣の缶詰・焼き餅

鍋にだし、酒小さじ2、牡蠣の缶汁大さじ2をさっと煮立て、小松菜の茎の小口切り20gと牡蠣2〜3個を加えてひと煮し、みそを溶き入れる。お椀に焼いた餅（小）を1個入れてみそ汁をよそい、大根おろしをあしらう。かんずりは大根おろしと合わせても、添えても。

- ●みそ ： 米淡または米赤・豆
  合わせて小さじ1
- ●だし ： 昆布または水 120mℓ
- ●吸口 ： 大根おろし・かんずり

▼滋養に富み、精神を安定させる働きのある食材として、古くから親しまれてきた牡蠣。缶詰を利用すれば手軽。体を温めるお餅と一緒に。

冬のいつもにプラス

冬には黒いものをという薬膳の教えで
いつもの定番みそ汁に黒いものをプラス。

じゃがいも・玉ねぎ

鍋にだしをさっと煮立て、大きめに切り分けた
じゃがいもと玉ねぎを各適量入れる。火が通った
ら、みそを溶き入れる。お椀によそい、それぞれの
吸口をあしらう。

● **みそ**： お好みで　小さじ1強
○ **だし**： お好みで　150㎖

＋ひじきの当座煮
コトコト煮ておいたひじき煮を吸
口に。美肌、美髪効果にも期待。

＋黒豆（加熱済み）
じゃがいも、玉ねぎと同じタイミン
グで加えて煮る。血のめぐりや水
分代謝を良くし、免疫力を高めて
くれる。アンチエイジング効果も。

＋のり
吸口にあしらえば、磯の香りがふ
わり。水分代謝を改善、お通じの
滞りも良くしてくれる。

＋黒すりごま
血のめぐりを良くし、腸を潤す。肌や髪のぱさつきを和らげてくれる。食べる直前にすって吸口に。

＋酒粕
酒は百薬の長。少量とるだけで血行を促進し、体を温めてくれる。酒粕はだしを煮立てる際に大さじ1弱加えて。この場合、みそは米淡にするのがおすすめ。

＋黄ゆず（せん切り）
吸口に香りと華やぎを。黄ゆずは胃の不快感を和らげ、咳や痰、気のめぐりにも効果的。

旅の思い出もみそ汁に。

旅先での楽しみのひとつは、市場めぐり。
車で立ち寄りやすい道の駅や、駅前の物産展などもよく覗いては
目新しい食材をあれやこれやと買い込んで、ホクホクと帰宅します。
一度も使ったことのない食材を勢いで買ったはいいけれど
「さて、どうするか?」となったら、みそ汁の出番です。
みその包容力がなんでもまぁるく包み込んでくれるので、大失敗は避けられるはず。
旅先で買ったものを自宅で食べると、
楽しかった旅の記憶がよみがえり、よりおいしくいただけます。
旅先で見つけた食材はまずはみそ汁で作戦。ぜひお試しください。

沖縄で見つけた大豆若葉

鍋にだしをさっと煮立て、食べやすく切り分けた
木綿豆腐50gと大豆若葉ひとつかみを加えて煮
る。みそを溶き入れ、お椀によそう。

● みそ：麦　小さじ2
● だし：煮干し　150㎖

力強い野菜が豊富な沖
縄南部、八重瀬町で出
会ったこちら。伝統野菜
ではないけれど、はじめ
ましての野菜を知りたい
気持ちが抑えられず、連
れて帰りました。

もうひとつの楽しみは、宿泊先のブッフェを自分なりにカスタマイズすること。
たとえば、具材がわかめと豆腐だけのみそ汁に、
ブッフェの煮物やソーセージ、サラダ類を具材としてプラスしてみると、
旅先でのみそ汁がひと味もふた味も変わります。
それがその土地の素材を使ったものならなおよし！ これもぜひお試しあれ。

沖縄で見つけた葉もの

鍋に湯を沸かし、葉をさっと塩ゆでして食べやすく切る。別の鍋にだし、冷凍きのこ（ミックス）軽くひとつかみを入れ、さっと煮る。食べやすく切り分けたすり身の天ぷら1/2枚を加えてひと煮する。みそを溶き入れ、塩ゆでした葉ものを適量加える。お椀によそい、一味唐辛子を適量ふる。

●みそ：米赤　小さじ2
　だし：昆布　150mℓ
●吸口：沖縄島唐辛子の一味（普通の一味唐辛子でも）

▼沖縄で見つけたハンダマという名の葉ものは、独特の青い香りが強いので、別ゆでにしました。

和名は金時草、水前寺草。購入した道の駅の袋にはハンダマとありましたが、どうも様子が違う…ツルムラサキの間違い？ こんな出会いも楽しいのが旅先の買い物。

みそ汁で
体リセット。

まずは湯溶きで。

ちょっとひと息つきたいとき、なんとなく胃の調子が悪いときには、
みそを湯で溶いただけの、湯溶きみそ汁を飲みます。
初めて使うみそも、まずはこうして味見。
ティースプーンでみそをすくい、器にスプーンごと加えて
みそをめがけて湯を注ぎ、混ぜる。これだけでOKです。

疲れ切ったとき。

フルーツチップスやドライフルーツの白みそ仕立ての一杯は、
ほんのり甘いホットドリンク感覚で疲れ切ったときに。
体の中からホッとするのがわかります。
関西白甘みそのやわらかな塩気がいいバランスで加わるので
単に甘すぎる飲み物にならず、体が欲しているやさしい味わいにまとまるのです。

りんごチップス・クコの実

みそをティースプーンですくってマグカップに入れ、湯を注ぐ。スプーンで混ぜてみそを溶かし、りんごチップス5gと、水少々に浸けてやわらかくしたクコの実を4〜5粒ちらす。

●**みそ**：関西白甘
　　　　　ティースプーンでたっぷり1杯
●**だし**：なし（湯）　150㎖

▼りんごは胃腸の不調を整え、肺を潤す働きのある果物。クコの実は疲れた体にパワーを注ぐと同時に目の疲れも和らげる。

なつめ・みかんの皮（乾燥）

鍋に水と粗く切り分けたなつめ1個を入れて火にかけ、しばらく煮る。煮立ったらみそを溶き入れ、牛乳大さじ1〜2を加えて火を止める。マグカップに注ぎ、みかんの皮少々をちらす。

●**みそ**：関西白甘　　小さじ2〜大さじ1
●**だし**：なし（水）　120㎖

▼なつめは胃腸の調子を整え、心を穏やかにするといわれ、生薬として用いられているもの。みかんの皮もまた、陳皮という生薬として活用されている。ワックスなどついていない安心して食べられるみかんの皮を天日で干して使用。気のめぐりを良くし、胃腸の働きを促す。

食べ過ぎたとき

STEP 1
1日目　夕食＝湯溶きみそ汁（P76）
STEP 2
2日目　朝食＝豆腐のみそ汁（P32〜33）

湯溶き

P76の湯溶きみそ汁を飲むだけで、体が温まり、
胃腸の調子も整う。翌朝の目覚めも良くなる。

🍵できれば就寝1時間以上前にとるのが理想的。

みそ汁でプチ断食。

食べ過ぎ飲み過ぎで体が重い、だるいといったとき。疲れが溜まって胃腸の調子が悪いとき。
そんななんとなくスッキリしないときの体リセットには、みそ汁を使った2ステップのプチ断食で
デトックスしましょう。お昼ご飯までにお腹が空くようなら、りんごやバナナをとるくらいに。
外食続きのときや、出張や旅から帰ってきたときも夜は湯溶きみそ汁くらいで済ませ、
早めに休むと翌日の目覚めが断然違います。2ステップでもスッキリしないときは、
仕事のスケジュールなどを見ながら自分のペースで繰り返し行うと、
体がスッキリ軽く、便通なども改善しますよ。

飲み過ぎたとき

柿チップス・ゆず皮

お酒を飲み過ぎて帰宅したときは寝る前に、酒毒を消す作用のある柿チップスとゆず皮を浮かべた簡単マグカップみそ汁を。作り方はP76の湯溶きみそ汁と同じ。仕上げに柿チップスとゆず皮少々をちらす。

白菜・柿チップス

鍋にだしをさっと煮立て、食べやすく切った白菜30ｇを加えて煮る。みそを溶き入れ、お椀によそって、柿チップス少々をちらす。

- **みそ**：米赤　小さじ2
- **だし**：昆布　120㎖

▼胃熱による乾燥を和らげ、口の渇きを抑える白菜は、胃のむかつきをスッキリさせる。

STEP 1
1日目　寝る前＝湯溶きみそ汁（P76）または柿チップス・ゆず皮のマグカップみそ汁
STEP 2
2日目　朝食＝白菜・柿チップスのみそ汁

日々みそ生活。

みそはみそ汁だけに限らず、
さまざまな料理の良き友として
活躍してくれる優れもの。
ご飯にのせる、野菜につけるだけで
旨みが増す"香味みそ"、
ミートソースやホワイトソース、みそバターなど、
みその旨みを生かした作りおきで
日々を助ける料理をご紹介。

香味みそ

●材料（作りやすい分量）
みそ（関西白甘、豆以外のもの） ……… 100g
おろししょうが ……… 小さじ1
おろしにんにく ……… 小さじ1/2
みりん ……… 大さじ2
昆布 ……… 1cm角×3枚

●作り方
1 すべての材料をよく混ぜ合わせる。

▼密閉容器に入れ、冷蔵庫で2週間保存可。

ゆでこんにゃくにぬる、炊きたてのご飯にのせる、
季節の蒸し野菜や野菜スティックとともに、ゆで卵にちょこんと。
何もない日も"香味みそ"があれば、ぬるだけ、のせるだけで、
簡単で旨みあふれる一品があっという間に出来上がり。

厚揚げみそチーズ焼き

●材料(1人分)
厚揚げ ……… 1枚
香味みそ(P80) ……… 適量
スライスチーズ ……… 適量

●作り方
1 厚揚げの表面に**香味みそ**を適量ぬり、スライス
  チーズをのせる。さらにチーズの上にところどこ
  ろ**香味みそ**を散らす。
2 オーブントースターでチーズが溶け、みそがこん
  がり焼けるまで焼く。

野菜と豚肉の
香味みそソース炒め

●材料(1人分)

豚肩ロース(しょうが焼き用) ……… 100g

A ┌ 酒 ……… 小さじ2
  └ 香味みそ(P80) ……… 小さじ1

エリンギ ……… 2本

アスパラガス ……… 4本

カラーピーマン ……… 2個

菊いも ……… 1〜2個(約50g)

B ┌ 香味みそ(P80) ……… 大さじ1
  │ オイスターソース ……… 大さじ1
  │ 酢 ……… 大さじ1/2
  └ 水溶き片栗粉 ……… 小さじ1

水 ……… 100㎖

ごま油 ……… 適量

塩 ……… 少々

●作り方

1 豚肉はそぎ切りにしてAをもみ込む。

2 エリンギはかさは半割り、軸は乱切りにする。ア
スパラガスは下の方のかたい部分を薄くそぎ、
食べやすい長さに切る。カラーピーマンはヘタと
種を取り、食べやすい大きさに切る。菊いもは薄
切りにしてさっとゆで、ざるに上げる。

3 フライパンにごま油大さじ1を熱し、2のエリンギ
を焼く。焼き色がついたら塩をふって取り出す。

4 3のフライパンにごま油小さじ1/2を足し、1の
豚肉を炒める。白っぽくなったら2のアスパラガ
ス、カラーピーマン、菊いもを順に加えて炒め
合わせる。全体に油がまわったら、分量の水を
加えてふたをし、2分ほど蒸し炒めにする。3の
エリンギを戻し入れて火を止め、Bを合わせて
加え、1分ほど炒め煮にする。

えびのみそチリ

●材料(2人分)

えび(殻付き) ……… 150g

A ┌ 塩 ……… 小さじ1/3
  └ 酒 ……… 大さじ2

B ┌ 片栗粉 ……… 大さじ1弱
  │ ごま油 ……… 小さじ1と1/2
  └ こしょう ……… 少々

長ねぎ ……… 1と1/2本

C ┌ **香味みそ**(P80) ……… 大さじ1
  │ トマトケチャップ ……… 大さじ1
  │ みりん ……… 大さじ1
  │ 水溶き片栗粉(同量ずつを溶いたもの)
  │ ……… 小さじ1/2
  └ 酢 ……… 小さじ1/4

おろししょうが ……… 大さじ1/2

おろしにんにく ……… 小さじ2/3

赤唐辛子(小口切り) ……… 1本分

水 ……… 100ml

ごま油 ……… 適量

香菜 ……… 適量

●作り方

1 えびは殻をむき、尾と背わたを取り除く。**A**をま
  ぶして10分ほどおき、さっと洗って水気をふき取
  り、**B**をまぶす。

2 ねぎは1cm厚さの斜め切りにする。

3 フライパンにごま油大さじ1を中火で熱し、**1**のえ
  びをさっと炒めて取り出す。

4 同じフライパンにごま油少々を足し、しょうがとに
  んにくを炒める。香りが立ってきたら、赤唐辛子
  と**2**のねぎを加え、分量の水を加える。煮立った
  らふたをし、3分ほど蒸し煮にする。ねぎがやわら
  かくなったら火を止め、**C**を合わせて加え、混ぜ
  合わせる。**3**のえびを戻し入れ、強めの中火で1
  分ほど煮る。

5 器に盛り、香菜の茎のみじん切りを散らし、葉を
  添える。

ヨーグルトみそ漬け

●材料(2人分)
みそ(米淡) ……… 150g
プレーンヨーグルト ……… 200g
きゅうり、にんじん、セロリ、ズッキーニ、大根など
好みの野菜 ……… 各適量

▼大根はいちょう切りくらいに切って1～2日ほど天日
干ししたもの。

●作り方
1 みそとヨーグルトを混ぜ合わせ、密閉容器に入
　れる。
2 野菜は食べやすい大きさに切る。
3 1に2を入れ、漬ける。半日後くらいから食べられ
　る(干し大根は1日後)。

▼野菜を漬けた後のみそ床は、ドレッシングのベースに
したり、煮込み料理やみそ汁に加えて調味料として使え
ます。密閉容器に入れ、冷蔵庫で2～3日間保存可。

みそホワイトソース

●材料(作りやすい分量)
みそ(米淡) ……… 小さじ2
バター ……… 20g
薄力粉 ……… 20g
玉ねぎ(みじん切り) ……… 120g
牛乳 ……… 200ml

●作り方
1 鍋にバターを熱し、玉ねぎを炒める。しんなりしたら薄力粉を加え、焦がさないようにしっかり炒め、みそを加える。
2 みそがまんべんなく混ざったら、牛乳を数回に分けて加える。全体がふつふつと煮立ち、とろりとするまで煮る。

▼密閉容器に入れ、冷蔵庫で3日間保存可。

みそミートソース

●材料（作りやすい分量）
豚ひき肉 ⋯⋯⋯ 200g
みそ（豆） ⋯⋯⋯ 大さじ1
おろしにんにく ⋯⋯⋯ 5g
オリーブオイル ⋯⋯⋯ 大さじ1/2
トマトジュース（食塩不使用） ⋯⋯⋯ 190㎖
塩 ⋯⋯⋯ 小さじ1/2
こしょう ⋯⋯⋯ 適量

●作り方
1 鍋にオリーブオイル、にんにく、みそを入れ、弱火
　にかける。香りが立ってきたらひき肉を加えて火
　を強め、炒め合わせる。
2 ひき肉の色が変わったらトマトジュースを加え
　る。煮立ったら弱火にし、塩を加えて水分がほぼ
　なくなるまで煮る。
3 仕上げにこしょうをふり、味をととのえる。

▼密閉容器に入れ、冷蔵庫で3日間保存可。

クロックムッシュ

●材料（1人分）
食パン（8枚切り） ········ 2枚
みそホワイトソース（P86） ········ 大さじ4〜5
ハム ········ 2枚
グリュイエールチーズ
またはピザ用チーズ ········ 25g
マスタード ········ 小さじ1強
バター ········ 適量

●作り方
1 パンの片面にマスタードを半量ぬり、**みそホワイトソース**2/3量、ハム、チーズの2/3量を順にのせる。
2 残りのマスタードをもう1枚のパンに塗り、マスタードをぬった面を下にして1のパンと重ねる。
3 フライパンにバターを入れ、火にかける。少し溶けてきたところで2を入れ、底が平らな鍋を重しにして焼く。こんがり焼き目がついたらバターを適量足して、もう片面も焼く。
4 表面に残りの**みそホワイトソース**をぬり、残りのチーズを散らす。オーブントースターに入れ、表面に焼き色がつくまで焼く。

ねぎと卵のグラタン

●材料(2人分)
長ねぎ ……… 2本
みそホワイトソース(P86) ……… 大さじ6
グリュイエールチーズ
またはピザ用チーズ ……… 30g
ゆで卵 ……… 1個
ハム ……… 1枚
だし(昆布) ……… 適量
塩 ……… ひとつまみ
バター ……… 少々

●作り方
1 ねぎは白い部分を4等分の長さに切り、鍋に並べ入れる。ハムは粗く刻む。
2 **1**のねぎを並べた鍋に、かぶるくらいのだし、**1**のハム、塩を加える。水分がほぼなくなり、ねぎがやわらかくなるまで煮る。
3 耐熱の容器に薄くバターをぬり、**2**のねぎを並べ入れる。**みそホワイトソース**を加えて広げ、全体にチーズを散らす。
4 230℃に予熱しておいたオーブンまたはオーブントースターで表面に焼き色がついてグツグツするまで焼く。四つ割りにしたゆで卵を添える。

みそミートスパゲッティ

●材料（1人分）
スパゲッティ……… 70g
みそミートソース（P87）……… 大さじ4
トマトジュース（食塩不使用）……… 大さじ4
オリーブオイル……… 大さじ2
パルメザンチーズ……… 小さじ1
黒こしょう……… 適量

●作り方
1 鍋にたっぷりの湯を沸かし、塩適量（分量外）
　を加えてスパゲッティを袋の表示時間通りに
　ゆでる。
2 フライパンに**みそミートソース**、トマトジュース、
　オリーブオイル大さじ1を入れて火にかける。煮
　立ったら1のスパゲッティをゆで汁をきって加
　え、全体がなじむように混ぜながらあえる。
3 仕上げに残りのオリーブオイルを加え、好みで刻
　んだパセリを加えてさっと混ぜ合わせる。器に盛
　り、チーズと黒こしょうをふる。

  **ラザニア風
マカロニグラタン**

●材料（2人分）
みそホワイトソース（P86）……… 300g
みそミートソース（P87）……… 大さじ5
マカロニ ……… 80g
グリュイエールチーズ
またはピザ用チーズ ……… 30g
牛乳 ……… 適量
オリーブオイル ……… 少々

●作り方
1 鍋に湯を沸かし、マカロニを袋の表示時間通り
  にゆで、ざるに上げる。
2 別の鍋に**1**のマカロニを入れ、**みそホワイトソー
  ス**の3/4量を加えてからめる。マカロニがから
  みにくい場合は、牛乳を少しずつ加えて調整す
  る（冷蔵保存していた**みそホワイトソース**を使用
  する場合は、まず**みそホワイトソース**を温めてか
  らマカロニを加えると良い）。
3 耐熱の器にオリーブオイルをぬり、**2**を入れる。上
  から**みそミートソース**を全体にのせ、残りの**みそ
  ホワイトソース**を中央にのせる。
4 チーズを全体に散らし、230℃に温めたオーブン
  またはオーブントースターで表面に焼き色がつ
  き、グツグツするまで焼く。

みそバター

●材料（作りやすい分量）
バター（食塩不使用）……… 30g
みそ（好みのもの）……… 小さじ1と1/2〜2

●作り方
1 バターは室温に戻し、しばらくおいてやわらかく
　練る。
2 みそを加えてよく混ぜる。

☛密閉容器に入れ、冷蔵庫で1週間保存可。ラップにの
せて長細い形にととのえ、しっかり巻いて冷凍庫で1ヶ
月間保存可。食べるときに使う分量だけ切って使うよう
にすると便利。

栗みそバター

●材料（作りやすい分量）
バター（食塩不使用）……… 30g
栗のペースト（市販品）……… 20g
みそ（関西白甘）……… 小さじ2

●作り方
1 バターは室温に戻し、しばらくおいてやわらかく
　練る。
2 栗のペーストとみそを加えてよく混ぜる。

☛密閉容器に入れ、冷蔵庫で1週間保存可。ラップにの
せて長細い形にととのえ、しっかり巻いて冷凍庫で1ヶ
月間保存可。食べるときに使う分量だけ切って使うよう
にすると便利。
☛栗のペーストを作る場合は、ゆで栗の中身を濾したも
の50gに砂糖小さじ1を加え、軽く温めるように加熱し
て練り合わせる。

蒸したじゃがいもやさつまいもに添えたり、バゲットやトーストにのせたり。
さらに、削った黒糖をのせ、はちみつをたらして、甘じょっぱいおやつとしても。

あとがき

食いしん坊がこうじて食の仕事について早30年。
おいしいものを生み出すためにあれこれ考え、作るのはもちろんですが、
いつでもゴキゲンにおなかが空いて、あれもこれも食べてみたいという気持ちがあるように、
健やかな胃腸をキープするのがいちばんの大仕事なのではないかと、最近思います。

30代、40代、50代、年齢と共にやってくる
体調の変わり目の波にのまれそうになったとき、体調を崩しそうになったとき、
毎日の食事で自分の体調を管理できるようになりたいと、
無理なく、おいしく、楽しく続けられることを、あれこれ手探りしてきました。
そうしてめぐり合ったのが、なんとも身近なところにいた『おみそ汁』でした。

毎朝のおみそ汁生活を始めたのは、一年でいちばん寒く、体が縮こまる2月。
体の隅々まで温かさが染み渡りました。
暑い季節を迎える頃には、毎朝のおみそ汁生活も自然とお休みになるかなと思っていたけれど、
日ごとに魅了され、体調も良くなっていくのがわかるように。
そして、夏には夏のおみそ汁の楽しみがあることに気づきました。

毎朝のひと椀から始まる私の『みそ活。』。
冷蔵庫にある半端な野菜やちょこちょこ残ったお惣菜が具材の主役。
えっ？ というようなものも、取り合わせも、みそがまぁるくまとめてくれます。

まず、使う具材をトレーにのせて一瞬考えてみる。
そして味を想像してどんなみそと合わせるかをだいたい決めます。
吸口は出来上がってからバランスをみて決めることが多い。
この繰り返しは他の料理の、味の組み立てにもつながり、身についていくように思います。
おみそ汁上手は、料理上手への近道。
手順に慣れてしまえば、毎日が新しい発見の連続です。

薬膳の学びも生かし、季節に寄り添うおみそ汁、体調に寄り添うおみそ汁作りなど、
私の日々の『みそ活。』をここにまとめてみました。

最後に少しだけ食と体の話を。
食べ物が私たちの体にどんな影響を与えるのかを知りたくて、
1週間の断食プログラムに初めて参加したのは12年前。
問診を受け、食事を抜いたのはたった2日だけ。
しょうが湯で低血糖を防いではいたけれど、体温はどんどん下がる、声はどんどんか細くなる。
アグレッシブさもどんどんなくなってゆく。
ぼーっと、ウトウトしながら、横たわるように過ごしていました
（コンディションは人それぞれ、元気な方はとっても元気でした）。

待ちに待った初めての回復食は、米粒の見当たらない重湯。
美しく白く輝くようなやわらかな液体を、お匙ですくってひと口。
口中にゆっくり行き渡らせてから、ごくんと飲み込む。
体中の細胞に染み渡っていくような感覚に、衝撃を覚えました。
もうひと口食べると、体温が上がっていくのがはっきりとわかり、
食べすすむうちにカーディガンを脱ぎ、靴下を脱ぎ、それでも汗ばむ……。
体中が力に満ちあふれ、石炭をくべられた機関車のように走り出したい気分になりました。
『カラダは食べ物でできている!!』
そう感じたあの体験は、かけがえのない宝物です。

理想の献立を作ってゆっくりといただく。
適度な運動、深い呼吸、心を穏やかにする時間をもつ。
毎日の食事、生活習慣、心の持ち方を見直すことなど、
断食を通して学び、気づきをいただいた貴重な時間。

慌ただしい日常で同じように過ごすのは難しいことですが、
毎朝いただくひと椀のおみそ汁が、私のたどり着いた体と心を健やかに保つ秘訣です。

温かな湯気の立ち上るお椀を手で包み込むようにして、ひと呼吸。
おみそ汁の香気が気持ちを和らげ、ひと口いただくと旨みが体に染み渡ります。
この一瞬のリセットが元気の源。

食の大切さ、深い呼吸の大切さを教えてくださった『やすらぎの里』代表の大沢剛先生。
薬膳のご指導を賜りました中医師、高級中医薬膳伝授師の和田暁先生。
あれも伝えたいこれも伝えたいと右往左往している私の頭の中とあふれ出るみそ愛を交通整理し、
組み立てて文章にまとめてくださった編集・ライターの赤澤かおりさん。
やさしく見守ってくださった京阪神エルマガジン社の編集者・村瀬彩子さん、
すてきなデザインに仕上げてくださったデザイナーの津村正二さん、
いつも落ち着いておいしい瞬間を切り取ってくださったフォトグラファーの広瀬貴子さん。
あれこれとこまやかな心配りで応援してくださった、みそ健康づくり委員会の鈴木亮輔さん。
すばらしい『みそ活。』メンバーのおかげで一冊の本にまとめることができました。
心より感謝を申し上げます。

『みそ活。』の魅力が伝わり、みなさまの毎日の食卓が心豊かになるお手伝いが少しでもできれば、
ありがたく幸せです。

『みそ活。』7年目の春に。　平山由香

平山由香 （ひらやま・ゆか）

料理家、国際中医薬膳管理師、オリーブオイルソムリエ。1991年より料理教室「キュイエール」を神戸で主宰。2014年より「お味噌汁復活委員会」代表。NHK『きょうの料理』など各種メディアで体と心を整えるレシピ、気軽に楽しむテーブルコーディネートを紹介。日本のソウルフード・みそ汁を次世代に繋げたいとの思いで日本各地や海外に赴き、ワークショップを開催。著書に『毎日のお味噌汁』（アノニマスタジオ）など。
http://www.cuillere-hitosaji.com

編集・構成	赤澤かおり
写真	広瀬貴子
デザイン	津村正二（ツムラグラフィーク）
編集担当	村瀬彩子（京阪神エルマガジン社）
調理アシスタント	原 敬子、井筒麻也
協力	みそ健康づくり委員会、和田 暁（薬膳アカデミア）

みそ活。

2020年4月20日　初版発行

著者	平山由香
発行人	荒金 毅
発行所	株式会社 京阪神エルマガジン社
	〒550-8575 大阪市西区江戸堀1-10-8
	tel. 06-6446-7719（編集）
	tel. 06-6446-7718（販売）
	https://www.lmagazine.jp
印刷・製本	株式会社 シナノパブリッシングプレス

ISBN978-4-87435-622-7 C0077

◎参考文献

『暮らしの薬膳手帳』
（国際中医薬膳管理師会編・和田暁監修／国際中医薬膳管理師会）

『薬膳と漢方の食材小事典』
（東邦大学医学部東洋医学研究室監修／日本文芸社）

『毎日役立つ からだにやさしい 薬膳・漢方の食材帳』
（薬日本堂監修／実業之日本社）

『からだに効く 和の薬膳便利帳』（武鈴子著／家の光協会）

『決定版 和の薬膳食材手帖』（武鈴子著／家の光協会）

『暮らしの図鑑 薬膳』（ちづかみゆき著／翔泳社）

『からだ・メンテナンス』（大沢剛監修／サンマーク出版）